Fiestas
Halloween

por Rebecca Pettiford

Bullfrog Books

Ideas para padres y maestros

Bullfrog Books permite a los niños practicar la lectura de texto informacional desde el nivel principiante. Repeticiones, palabras conocidas y descripciones en las imágenes ayudan a los lectores principiantes.

Antes de leer

- Hablen acerca de las fotografías. ¿Qué representan para ellos?
- Consulten juntos el glosario de fotografías. Lean las palabras y hablen de ellas.

Lean en libro

- "Caminen" a través del libro y observen las fotografías. Deje que el niño haga preguntas. Señale las descripciones en las imágenes.
- Lea el libro al niño, o deje que él o ella lo lea independientemente.

Después de leer

- Inspire a que el niño piense más. Pregunte: ¿Celebra tu familia el Halloween? ¿Qué tipo de cosas ves cuando es Halloween?

Bullfrog Books are published by Jump!
5357 Penn Avenue South
Minneapolis, MN 55419
www.jumplibrary.com

Library of Congress Cataloging-in-Publication Data

Pettiford, Rebecca.
  [Halloween. Spanish]
  Halloween / por Rebecca Pettiford.
    pages cm. — (Fiestas)
  Includes index.
  ISBN 978-1-62031-243-8 (hardcover: alk. paper) —
  ISBN 978-1-62496-330-8 (ebook)
  1. Halloween—Juvenile literature. I. Title.
  GT4965.P42818 2016
  394.2646—dc23
                                              2015004352

Editor: Jenny Fretland VanVoorst
Series Designer: Ellen Huber
Book Designer: Michelle Sonnek
Photo Researcher: Michelle Sonnek
Translator: RAM Translations

Photo Credits: All photos by Shutterstock except: age fotostock, 5, 8–9; Corbis, 4, 6–7, 13, 18–19, 20–21, 23tl; iStock, 3; Thinkstock, 17, 22, 23br.

Printed in the United States of America at Corporate Graphics in North Mankato, Minnesota.

Tabla de contenido

¿Qué es Halloween?

Celebramos Halloween el 31 de octubre.

Es un día divertido.

Mucha gente lo celebra.

¿Cómo lo celebramos?

Decoramos el jardín.

¿Qué ves?

Calabazas anaranjadas.
Gatos negros. Arañas.

7

Lucy prepara la calabaza.

Papá ayuda.

Quitan las semillas
y tallan una cara.

semillas

Las velas iluminan nuestras calabazas.

Brillan. ¡Qué miedo!

Mamá prepara manzanas acarameladas. ¡Mmm!

Decoramos los postres.

¡No los toquen!

Son para la fiesta.

La fiesta comienza.
Comemos galletas.
Pescamos manzanas.

galletas

Nos disfrazamos.

Melisa es una bruja.

Nacho es un fantasma. ¡Bu!

Es hora de irnos.
Escogemos una casa.

Tocamos el timbre.
La Señora Ortiz
abre la puerta.

Gritamos, "¡Truco o
dulce!" Nos da dulces.

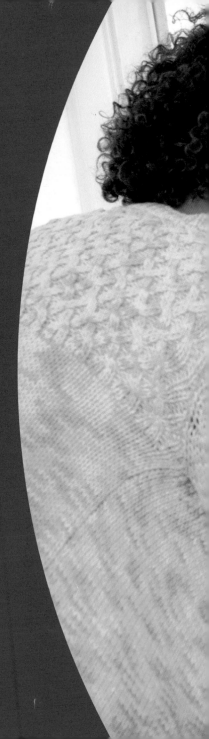

¡Halloween es divertido!

Los símbolos de Halloween

gatos negros

dulces de Halloween

calabazas que brillan

fantasmas tenebrosos

Glosario con fotografías

disfraces
Ropas que imitan a otra persona o cosa.

pescar manzanas
Un juego en donde sacas manzanas con la boca de un balde de agua.

manzanas acarameladas
Manzanas cubiertas de caramelo o azúcar.

tallar a
Dar forma a un objeto.

Índice

Para aprender más

Aprender más es tan fácil como 1, 2, 3.

1) Visite www.factsurfer.com

2) Escriba "Halloween" en la caja de búsqueda.

3) Haga clic en el botón "Surf" para obtener una lista de sitios web.

Con factsurfer.com, más información está a solo un clic de distancia.